CW01660646

corbeau

843.914 DAN

Daniel, Stéphane.
Opération corbeau / Stéphane Daniel.
- Paris : Thierry Magnier, 2003.
- 112 p. : couv. ill. en coul. ; 21 cm.
- (Roman).

Roman d'espionnage. Londres. 1947.
Arme chimique. Guerre mondiale (1939-1945).

ISBN 2-84420-212-8

Loi n° 49-956 du 16 juillet 1949 sur les publications destinées à la jeunesse

Maquette : Bärbel Paulitsch

opération corbeau

Stéphane Daniel

Roman

Illustration de couverture
d'Antoine Guilloppé

EDITIONS
THIERRY
MAGNIER

Stéphane Daniel est né en Bretagne. Il vit à Boulogne-Billancourt. Instituteur à mi-temps, et auteur à temps plein, il publie essentiellement des romans chez Rageot et aux éditions Casterman. Il signe ici le troisième volume de la *Fog Company*.

Les Visiteurs d'outre-tombe, éd. Rageot (coll. Cascade Policier), 1994.
Un tag pour Lisa : les mousquetaires de Belleville, éd. Casterman (coll. Dix & plus), 1995.
Quercy rap : les mousquetaires de Belleville, éd. Casterman (coll. Dix & plus), 1995.
Deux maîtresses pour une rentrée, éd. Rageot (coll. Cascade), 1996.
Un tueur à la fenêtre, éd. Rageot (coll. Cascade Policier), 1996.
Mensonge mortel, éd. Rageot (coll. Cascade Policier), 1997.
Ping-Pong au camping, éd. Rageot (coll. Cascade), 1997.
L'Enfer du samedi soir, éd. Rageot (coll. Cascade Policier), 1998.
Le Secret de l'agent secret, éd. Rageot (coll. Cascade Policier), 1999.
Rollers de choc, éd. Rageot (coll. Cascade), 2000.
Marchands de sommeil : les mousquetaires de Belleville, éd. Casterman (coll. Dix & plus), 2001.
Carton noir, éd. Magnard (coll. Les policiers), 2001.
Opération chenille, éd. Thierry Magnier (coll. Roman), 2002.
Miss Casse-cou, éd. Rageot (coll. Cascade), 2002.
Opération cobra, éd. Thierry Magnier (coll. Roman), 2002.

Pour les Roby mère et fils,
poste restante Mont de Michèle

« Je me servais d'un pistolet comme toi, sans plus ; j'ai passé deux heures par jour pendant deux ans à dépasser le stade "bien". À première vue, on se demande si le jeu en vaut la chandelle : combien de fois a-t-on vraiment besoin d'un pistolet – je veux dire, de tirer avec ? Une fois en trois, quatre ou cinq ans ? Bon. J'ai passé quinze cents heures à me préparer pour cette fois unique. C'est parce que je suis une professionnelle, Paul. J'ai passé des milliers d'heures à me préparer de cent façons différentes pour le moment ou être préparé représente la différence entre survivre et mourir... »

Peter O'Donnell
Modesty Blaise

Londres, 1947.

La guerre est finie mais d'autres conflits voient le jour. Chaque pays se dote de services spéciaux capables de faire face aux nouvelles menaces. En Grande-Bretagne, le MI5, créé en 1909, voit son rôle s'affermir. Mais, sur l'initiative d'un colonel de l'Armée des Indes en retraite, une autre unité se forme en lisière de ce service officiel, constituée de spécialistes ayant fait leurs preuves à ses côtés. À cette équipe va se joindre la nièce du colonel, une jeune femme qui en sera le fer de lance. Cette unité s'appelle la Fog Company.

SES MEMBRES

Le colonel Baltimore Meeks

Chef de l'unité. Il a recueilli Jade à la disparition de ses parents et l'a formée en secret dans les sous-sols de sa maison de Lupus Street.

Jade

Officiellement étudiante à l'université de Bloomsbury. Nièce du colonel.

Le Pr Travis Floyd

Professeur de littérature à Cambridge. Parle de nombreuses langues.

Le Dr Dud Cromwell

Chimiste, fin connaisseur des vertus cachées des plantes tropicales. Officie à l'hôpital St Mary. Propriétaire du manoir Tudor où aiment à se réunir les membres de la Fog Company.

Fingal Warren

Mathématicien. Conçoit des jeux d'esprit pour les journaux londoniens. A travaillé pendant la guerre au décryptage des messages codés.

Melody Mac Bride

Voisine du Dr Cromwell. Veuve de guerre.

Miss Winter

Passée maîtresse dans l'art de se déguiser. Enseigne son art à Jade.

ILS SONT PARFOIS ENTOURÉS DE…

Mme Lavigne

Cuisinière au service du Dr Cromwell.

Ned Floyd

Le fils du professeur Travis Floyd. Inscrit à l'École navale de Greenwich. Amoureux de Jade.

Augustin Beauséjour

Ami français du colonel. Instructeur. Enseigne à Jade le *self-defence* et la canne de combat.

Sathyan Kutty

Indien, maître en kalaripayat, art martial de la province du Kerala. Fidèle du colonel dont il est l'arme secrète fantôme. Personne ne connaît son existence.

1

Halètement de bête traquée. Ses chaussures s'enfoncent dans le sol spongieux et s'arrachent à chaque foulée dans un bruit de ventouse ridicule.

Il les entend. À combien, trente, cinquante pas derrière ? Ils ne hurlent pas, ne l'appellent pas, ils sont là, suivant les traces profondes qu'il laisse dans l'herbe détrempée, ou l'œil rivé sur sa silhouette brisée par une course démente. Sûrs d'eux. Sûrs de le rattraper.

Des cris sont tassés au fond de sa gorge. Autour, à perte de vue, écrasées par une nuit sans lune, s'étirent des prairies désertes. Ses poumons sont en feu et son souffle n'est plus qu'une plainte hachée.

Il déchire sa veste sur un buisson de ronces. Petite brûlure au bras. Puis il plonge à travers un autre massif d'épineux pour couper vers la route qu'il devine au-delà d'une butte d'herbe noire.

Il n'aurait pas dû se ruer sur cette plaine gorgée d'eau, il aurait dû rester sur la route, une voiture aurait pu surgir, le sauver, il aurait dû…

Il entend de nouveau le rugissement du moteur, revoit les phares puissants éclairer la chaussée, la Chevrolet le doubler, se rabattre devant son capot, le forçant à freiner, à mordre sur le bas-côté. Puis les hommes qui en surgissent, quatre, leurs visages calmes… Cette vision nourrit la panique qui lui tord les entrailles. Il n'a pensé qu'à ouvrir sa portière et fuir, droit devant, vers l'étendue accueillante. Sans se douter qu'elle le piégerait. Nul endroit pour se cacher, pour perdre ceux qui se sont lancés à ses trousses, sans hâte, comme sans animosité apparente.

« Mary… M'entends-tu, Mary ? »

Un souffle régulier. Mais ce n'est pas le sien…

L'homme ne lui a donné qu'une bourrade, mais elle suffit à le déséquilibrer. La chute est lourde. Dans sa bouche, un peu de terre et d'herbe se mélangent. Ses mains griffent le sol.

Un instant, il se sent comme soulagé. La fraîcheur contre sa joue lui fait du bien. Et puis la peur revient. Il s'arc-boute sur ses avant-bras mais une semelle posée sur son dos l'empêche de se relever.

– Je ne dirai rien, bégaie-t-il soudain, je vous le jure…

Il tord le cou, aperçoit trois hommes qui se tiennent en retrait et tout près, coiffé d'un feutre mou, le visage de celui qui le plaque au sol. Sur le ciel opaque se découpe sa silhouette de géant. Il a déjà croisé cet homme à l'usine, il accompagnait le docteur. Juste avant qu'il ouvre cette maudite caisse dans la salle bleue. Qu'il découvre les flacons…

– Je n'ai rien vu, je ne dirai rien…

Les suppliques inutiles s'enchaînent. Une odeur d'herbe mouillée monte à son visage.

– Non, tu ne diras rien, lui répond une voix neutre.

Celle du géant entre le ciel et lui, cet homme qui glisse sa main sous le revers de sa veste et sort un pistolet dont le canon accroche un reflet de lune. Le tube métallique s'aligne sur son front. Il ferme les yeux.

Mary… L'odeur de l'herbe…

Une détonation retentit, quelques corbeaux s'envolent pesamment et s'éloignent en rasant la cime d'une rangée d'églantiers.

2

Contrôlant son souffle, Jade quitte le pont Serpentine et longe une portion du lac. Elle allonge sa foulée en consultant sa montre. C'est parti pour une autre minute d'accélération. Le cœur s'emballe. Elle s'efforce de garder les épaules souples. Le sentier défile sous ses semelles. Elle croise de tranquilles promeneurs dont le regard s'attarde sur son visage que crispe un début d'asphyxie. Fin du sprint. Jade récupère en réduisant l'allure et éponge avec le bas de son T-shirt la sueur qui coule sur son front.

C'est le pire des exercices d'endurance. L'alternance des rythmes de course favorise le travail cardiaque et reproduit fidèlement les conditions du combat à mains nues, la tension nerveuse en moins. Indispensable, mais terriblement éprouvant. Question d'habitude : en matière d'entraînement physique, tout ce qui est indolore est inutile. Il a bien fallu apprendre à aimer cette souffrance-là.

Elle se livre depuis une heure à cet exercice dans Hyde Park. Une journée chargée l'attend à l'université. Le retour vers Lupus Street à petite allure constituera une excellente fin de footing. Et le Londres qui se réveille conserve pour elle un charme indéfinissable.

Jade, habillée de propre, une serviette nouée autour de ses cheveux mouillés, se dirige vers la cuisine quand en surgit Baltimore Meeks. Il lui tend une haute tasse de thé fumante.

– Noir, corsé, trempé de lait, avec un sucre, commente-t-il sans préambule. Cela conviendra-t-il à madame ?

– Ce sera parfait, mon ami, répond-elle avec un phrasé de duchesse en cueillant la tasse. J'allais justement vous prier de m'en préparer un, accompagné de quelques biscuits. J'ai besoin de reprendre des forces.

– Tu ne crois pas si bien dire, ajoute son parrain redevenu sérieux.

– Dois-je comprendre que…

– Absolument. Tu devras te débrouiller pour récupérer tes cours une autre fois. Tu pars cet après-midi.

Une lueur d'intérêt s'allume dans les yeux de Jade.

– Où ça ? Rio ? Paris ? Vienne ? Le Caire ?

– Dorchester, dans le Dorset.

– Ah !… déchante Jade en s'asseyant sur une chaise. Moi qui rêvais d'exotisme, je suis servie !

– Croyais-tu, par hasard, travailler dans une agence de voyages ?

– Pas vraiment. Et qu'aurai-je à faire dans le Dorset ?

– Enquêter sur une disparition, celle d'un ingénieur chimiste appelé Ronnie Alridge.

– Bien. Mais, sans vouloir faire la difficile, n'y aurait-il pas dans ce pays une institution connue sous le nom de Scotland Yard ? Il me semblait que leur mission consistait précisément à enquêter sur les disparitions, les vols, les meurtres, enfin toutes ces choses qui rendent notre Angleterre si agréable à vivre…

Baltimore Meeks, qui vient de bourrer sa pipe, l'allume en observant, amusé, l'expression pincée choisie par sa nièce.

– Tu vas comprendre. La police de Dorchester a bien contacté Scotland Yard dans les jours qui ont suivi la disparition d'Alridge, et ce sont eux qui nous ont transmis l'information. Ils ont des consignes. Cet homme n'est pas n'importe qui, ou plutôt il n'a pas n'importe quelles relations. Avant la guerre, il a côtoyé un personnage qui nous intéresse beaucoup, un certain Thomas Horn.

– Ce nom me dit quelque chose...

– Il était membre d'une unité ultra secrète de l'armée qui travaillait sur la conception et la réalisation d'armes chimiques et biologiques. Ces types-là créaient des gaz mortels, ou encore manipulaient des virus à longueur de journée. De vrais enfants de chœur ! Thomas Horn était lui-même un chimiste, un remarquable chercheur qui, malheureusement pour nous, devait ne pas se révéler bien fiable. Au début de l'année 1939, il a brusquement disparu.

– Comment ça « disparu » ? Je suppose que les membres de cette unité étaient placés sous haute surveillance ?

–Évidemment ! Mais il s'est littéralement volatilisé. Nous avons d'abord pensé qu'il était passé en Allemagne, recruté par l'Abwehr que l'état de ses recherches devait forcément intéresser, mais nous n'en avons jamais eu la confirmation. D'autant que pendant le conflit qui a suivi, aucune de ces armes chimiques n'a jamais été utilisée, contrairement à la guerre de 14-18. Nous avions fini par penser qu'il était mort, ou retiré dans une campagne quelconque, quand l'année dernière un agent du MI5 basé en Tchécoslovaquie a cru le voir à Prague lors d'une conférence organisée à l'École de chimie. Depuis, ça n'a pas été confirmé. Mais cet avertissement a réactivé notre vigilance. Tu comprends, le domaine où il a fait ses preuves reste des plus sensibles ! Nombreux sont ceux, au ministère de la Défense, qui aimeraient l'interroger sur les activités qu'il a menées pendant la guerre. Nous avons recensé toutes les personnes qui ont à un moment ou à un autre été en relation avec lui, et dès qu'un fait les concernant sort de l'ordinaire, on nous le signale.

– Mais pourquoi le MI5 ne traite-t-il pas l'affaire en direct ?

– Pour certains membres de la Fog Company, Thomas Horn n'est pas un inconnu.

– Je vois.

– Donc Ronnie Alridge a connu Thomas Horn, il a disparu, tu vas aller me vérifier tout ça.

Jade hoche la tête pour montrer qu'elle apprécie l'aspect synthétique de cette dernière phrase et dénoue la serviette qui lui sert de turban.

– Dois-je m'attendre à rencontrer des ennuis ?

– Avec Thomas Horn ou avec Ned Floyd ?

– Ned ? s'étonne Jade. Que vient-il faire dans cette histoire ?

– Il t'accompagne. J'ai mis son père au courant de ton périple et je crois qu'il doit aussi se rendre dans le coin. Vous partagerez les frais…

Jade sourit.

– Qu'est-ce qui l'amène à Dorchester ?

– Tu lui poseras toi-même la question. Ça vous occupera en chemin. Allez, prépare-toi, le Dorset est magnifique au crépuscule…

– Je suppose qu'on a mis un avion à ma disposition… glisse Jade sans conviction.

Le colonel opine.

– Bien sûr. Il est garé dehors, dans la rue, et tu n'oublieras pas de faire le plein…

3

Jade gare la Morris Cowley près du poste de police et coupe le contact. Puis elle pose les deux mains sur le volant et se tourne vers son passager.

– On est bien d'accord, dit-elle, tu m'accompagnes à la seule condition que je puisse te laisser en plan à tout moment sans que tu exiges de moi la moindre explication !

Ned lève la main droite.

– Parole de scout !

– Et que tu me dises enfin, après cent cinquante miles d'interrogatoire serré, ce que tu avais de si urgent à faire aujourd'hui à Dorchester !

– Puisque tu insistes... Visiter la maison de Thomas Hardy ! En ce moment je lis un de ses bouquins, *Tess d'Urberville*, et j'ai eu envie de savoir dans quelle atmosphère il l'avait écrit. Tu sais qu'il est mort ici ?

Jade étudie un moment son compagnon de route.

– Tu te fiches de moi ?

– Mais non, s'insurge Ned, je t'assure que c'est... que c'est...

Il ne peut réprimer plus longtemps un sourire.

– ... que c'est faux. En vérité, j'avais envie de passer la journée avec toi.

– Et ton École navale ?

– Elle attendra que cette journée se termine...

Jade, qui commence à rougir, descend de voiture, imitée par Ned.

– Ça m'étonnerait qu'on ait le temps de jouer les touristes, tu sais, ajoute-t-elle en se dirigeant vers l'entrée du poste de police. Mais si on trouve le temps de déjeuner, c'est toi qui invites !

Ned suit Jade à quelques pas. Il admire encore une fois la transformation. Pour les besoins de sa mission, Jade, avant leur départ de Londres, s'est considérablement vieillie grâce à un costume sévère et un maquillage subtil qui lui trace un réseau de rides au coin des yeux. L'identité qu'elle a décidé d'emprunter, inspectrice à Scotland Yard, y gagne en crédibilité.

Le local dans lequel ils pénètrent conviendrait à un moine s'il lui prenait l'envie de faire carrière dans la police : un comptoir en L qui sent l'encaustique, deux chaises aux pieds métalliques alignées près d'un banc grossier, des murs nus. Seule fantaisie, un diplôme de pêcheur de truite est affiché à droite de l'entrée. À en juger par l'effervescence ambiante, le crime ne semble pas figurer dans les spécialités locales.

Jade et Ned s'avancent. Ils sont à deux pas du comptoir quand un diable en surgit.

– Bonjour, dit le diable en se peignant d'une main.

Le policier frôle les quarante ans, son visage poupin est couronné de cheveux roux frisés. Ses yeux noisette ne cessent de passer de l'un à l'autre de ses visiteurs. Il poursuit :

– Veuillez m'excuser, un bouton de manchettes a roulé là-dessous et impossible de remettre la main dessus ! Puis-je vous renseigner ?

Jade, en exhibant sa fausse carte, explique en quelques mots qu'elle exécute une vérification de routine sur la disparition de Ronnie Alridge.

– Le Yard se déplace pour ce pauvre Alridge ? s'étonne le policier. Vous avez du temps à perdre.

– J'essaierai de ne pas trop en perdre, justement, réplique Jade. Pourriez-vous nous conduire chez Mrs. Alridge et nous exposer la situation ?

– Bien sûr ! Et, monsieur, vous êtes … ?

– Peter Pinter, du *Morning Star*, répond Ned. Je prépare un article sur Scotland Yard, traité sous un angle original : femme et policier, une semaine avec un défenseur de l'ordre.

– J'ai été désignée par ma hiérarchie, précise Jade en tordant brièvement la bouche pour traduire son enthousiasme débordant.

– Je vois, compatit le policier. Je m'appelle Lincoln Waltz. Je vais vous emmener, mes collègues sont en patrouille.

Le domicile des Alridge est situé à quelques centaines de mètres du poste de police, sur South Street. Lincoln Waltz profite du trajet à pied pour informer Jade. Maigre butin. Mary Alridge leur a signalé deux jours auparavant que son mari, employé dans une usine du comté, n'était pas rentré la veille à son domicile après sa journée de travail, ce qui ne lui était encore jamais arrivé. Inquiète, elle a patienté près de son téléphone, qui est resté muet, puis contacté un des collègues de son mari qui a déclaré l'avoir vu partir à l'heure habituelle. Depuis, elle attend.

– Je crois nécessaire d'ajouter ceci, dit-il avant de pousser la porte d'entrée d'un immeuble en brique rouge. Nous n'avons retrouvé aucun corps, ni enregistré aucun incident dans la ville, pas plus qu'aux alentours. Vous savez, nous habitons un petit coin tranquille, et l'ordinaire de nos interventions se résume à des scènes de ménage et à des rixes sans gravité.

Ils sonnent à la porte d'un appartement du second étage. Une femme leur ouvre et les invite à entrer. Son visage régulier est marqué par plusieurs nuits de veille, et son amabilité dissimule mal l'angoisse qui l'étreint. Mrs. Alridge leur offre une tasse de thé et, assise sur le bord de son canapé, les mains jointes au creux des genoux, leur répète le récit fourni par Lincoln Waltz. Elle semble dépassée par les événements, ne peut fournir aucune explication rationnelle à cette disparition. À l'en croire, leur existence est des plus tranquilles, et son mari un homme sans histoires.

Après un quart d'heure de conversation, Jade, estimant en savoir assez, décide de prendre congé. Ned et Lincoln Waltz sont déjà sur le palier quand Mary Alridge retient par le bras celle qu'elle tient pour une envoyée de Scotland Yard.

– Madame…

Jade croise un regard douloureusement suppliant.

– … Je sais ce que vont dire les gens… murmure-t-elle. Mon mari et moi, nous nous entendons bien. J'ai confiance en lui… Croyez-moi, il lui est arrivé quelque chose…

– Ne vous inquiétez pas, répond Jade sur un ton rassurant, on ne disparaît pas dans la nature sans laisser de traces. Je les trouverai. À très bientôt.

La porte se referme derrière elle.

Ils empruntent l'escalier et se retrouvent dans la rue. Là, Lincoln Waltz se tourne vers Jade, et hausse les épaules, un sourire attristé plaqué sur le visage.

– Je n'aimerais pas être à sa place, dit-il. Pauvre femme…

– Pourquoi dites-vous cela ? demande Jade.

– Ça me paraît clair. Dans un cas aussi classique, il n'y a que l'épouse pour ne pas comprendre ce qui arrive. Ronnie Alridge n'est pas le premier mari fidèle à s'offrir une escapade amoureuse.

– Qu'est-ce qui vous rend aussi sûr de vous ? lance Ned.

– L'expérience ! Vous verrez que l'avenir me donnera raison. Dans une semaine, il reviendra piteusement à la maison, ou enverra un courrier de rupture à sa femme.

Il marque un temps d'arrêt en secouant la tête, puis reprend :

– Vous devriez rentrer à Londres. Vous perdez votre temps ici. Si vous y tenez absolument, je vous contacte dès qu'il y a du nouveau.

Jade fait mine de réfléchir.

– Vous avez sûrement raison, conclut-elle. Il faut attendre. Je crois que nous allons vous écouter. En attendant de reprendre la route, où pourrions-nous déjeuner ?

– Au James's, un pub sur High West Street. Leur truite fumée est excellente. Dites que vous venez de ma part, le patron vous soignera !

4

– Vous verrez, c'est fameux !

Le serveur tourne les talons et repart vers la cuisine. Jade et Ned entament leurs salades. À travers les petits carreaux en verre dépoli, ils devinent la façade en pierre blanche de l'église St Peter.

Jusqu'à présent, dans cette salle presque vide, la conversation, souvent interrompue par les interventions du serveur, a roulé sur des domaines n'ayant aucun rapport avec l'affaire qui les a amenés dans le Dorset. Mais Ned, qui achève de confier ses impressions d'étudiant à l'École navale de Greenwich, constate que Jade, depuis quelques minutes, semble préoccupée.

– Un problème ? s'enquiert-il.

Jade plonge son regard dans le sien.

– Si on veut. Je repensais à Mary Alridge, et à ce cher Waltz. Je me trompe peut-être mais son empressement à nous voir repartir à Londres ne me dit rien qui vaille. La désinvolture avec laquelle il traite la disparition de cet ingénieur est même franchement bizarre.

– Je partage ton sentiment. À part nous envoyer dans le restaurant où il doit revendre les truites qu'il pêche le dimanche, pas grand-chose ne l'intéressait.

– Je ne crois pas à sa version des faits. La femme que nous avons rencontrée était sincèrement bouleversée, et surprise. On connaît l'homme avec qui on vit. L'hypothèse d'une aventure galante lui a semblé absurde. Imaginons qu'elle n'ait pas tort, alors, qu'est devenu son mari ?

– Tu comptes retourner voir Mrs. Alridge ?

– Ah ! Je la plains la malheureuse !

Jade et Ned, d'un seul mouvement, se tournent vers l'auteur de cette phrase, le serveur venu remplacer la carafe d'eau sur la table. Apparemment, toutes les occasions sont bonnes pour rompre la monotonie de son service !

– Vous parlez bien de l'épouse de l'ingénieur, Ronnie Alridge ? reprend-il.

– En effet, dit Jade. Vous les connaissez ?

– Dans une petite ville comme la nôtre, tout le monde se connaît ! Vous prendrez un dessert ?

Ils consultent la carte qu'on leur a tendue. Si on veut pouvoir regarder quelqu'un sans ressentir de gêne, le mieux est encore de bavarder avec. Manifestement, le serveur ne déteste pas regarder Jade... Planté à leurs côtés, il poursuit en concentrant ses attentions sur elle.

– Vous avouerez qu'ils n'ont pas de chance à l'usine d'engrais !

– Que voulez-vous dire ? demande Jade en déchiffrant avec peine la liste manuscrite des gâteaux proposés.

– Ben oui ! Deux ingénieurs en trois mois, c'est pire que chez les parachutistes, question pertes !

Les cartes s'abaissent en même temps et viennent heurter le bord des verres. Jade se renverse contre le dossier de sa chaise et lève vers le serveur un visage stupéfait.

– Comment ça, DEUX ingénieurs ?

– Vous n'êtes pas au courant ? Paul Hereford a lui aussi disparu, il y a trois mois de ça, et, comme Mr. Alridge, il faisait partie des employés de l'usine Stanford. Pfuit !

Envolé ! Sa femme s'apprête d'ailleurs à déménager. Elle supporte mal les ragots colportés par les mauvaises langues du pays, comme quoi il aurait eu une maîtresse... J'espère qu'il n'arrivera pas la même chose à Mrs. Alridge, et qu'on retrouvera son mari bientôt...

Jade et Ned échangent un regard lourd de sous-entendus.

– Et cette Mrs. Hereford, elle habite où ? demande Ned.

– Oh, pas loin ! C'est la première maison après celle de Thomas Hardy – vous savez, l'écrivain local... – sur la route de Wareham.

Un vrai bureau de renseignements ! Le serveur sent l'odeur du pourboire grandiose lui chatouiller les narines. Il va rapidement savoir si son intuition est bonne car, abrégeant leur repas, ses deux clients posent leurs serviettes et se lèvent.

– Vous nous préparez la note ? propose Jade.

– Bon ! récapitule Jade, tu me déposes chez Mrs. Alridge et tu rends une petite visite à l'épouse du premier disparu. Essaie d'en savoir un peu plus sur lui. Tu me récupéreras devant l'église. Quelque chose ne tourne pas rond. Je me demande pourquoi Waltz nous a caché l'épisode Hereford. S'il nous imagine de retour sur Londres, il va être déçu ! C'est là !

Ned gare la Morris et redémarre presque aussitôt. À travers la lunette arrière, Jade distingue le salut qu'il adresse de la main. Une minute après, la porte de Mrs. Alridge s'ouvre à nouveau devant elle.

Jade étudie d'un peu plus près l'appartement pendant que, dans la cuisine, son hôtesse remplit d'eau sa bouilloire électrique. Confortable mais modeste. Si l'on excepte une collection de hiboux exposée sur la cheminée, seule marque originale dans le décor, le mobilier, des plus classiques, témoigne d'un niveau de vie en rapport avec le métier du disparu. Nul signe, donc, de revenus suspects. Sur la table, un coin de napperon ouvragé offre les initiales M.A. en fil rouge. La maîtresse de maison a des activités respectables…

Celle-ci, de retour de la cuisine, jette à Jade de petits regards intrigués. Cette seconde visite, aussi rapide, l'étonne. Elle pose la bouilloire sur la table et la branche. Un frémissement se fait entendre.

Jade, d'un sourire, s'efforce de la mettre en confiance.

– Vous me disiez, Mrs. Alridge, que votre mari travaillait… enfin je veux dire travaille à l'usine Stanford ?

– En effet, depuis cinq ans maintenant. C'est une usine d'engrais, mon mari est chimiste de formation. D'après ce que je sais, il appartenait au secteur recherche et œuvrait à l'amélioration des produits commercialisés par l'usine.

– D'après ce que vous savez… ?

Mrs. Alridge baisse les yeux et s'assied au bord d'une chaise.

– C'est-à-dire que je ne sais pas grand-chose… Mon mari me parle très peu de son travail.

– Pourquoi ? Est-il d'une nature réservée ?

– Non, au contraire ! Je crois juste qu'il a des consignes. Ses travaux sont confidentiels.

Jade s'assied à son tour et cherche à croiser le regard fuyant de Mary Alridge.

– Que voulez-vous dire ?

– Eh bien, parfois…

Elle hésite. Jade, doucement, essaie de vaincre ses résistances.

– Oui… ?

–Voilà, enfin je trouve que… ça me semble un peu exagéré… Tant de secrets pour des engrais ! Je sais qu'une usine doit se protéger de ses concurrents mais tout de même !

– Avez-vous un exemple à me donner ?

La femme, mal à l'aise, se lève et ouvre un buffet en quête de tasses. Elle poursuit, le dos tourné :

– Parfois, mon mari devait voyager. Il ne devait pas me dire où il partait… Ridicule, n'est-ce pas ?

Un claquement les interrompt, celui produit par la bouilloire. L'eau est à bonne température.

– Mrs. Alridge, demande Jade, connaissez-vous un dénommé Paul Hereford ?

– Non.

– Votre mari n'a jamais prononcé ce nom devant vous ?

– Non. Vous savez, je ne connais aucune des personnes avec lesquelles mon mari travaille… Pourquoi ?

Jade réfléchit, puis décide de ne pas inquiéter son interlocutrice.

– Pour rien. Avez-vous remarqué un changement ces derniers temps dans son comportement ?

Mary Alridge sert le thé. Jade note les traits tirés. Le défilé des policiers, cet interrogatoire, elle s'efforce de supporter avec dignité une situation à laquelle son existence ne l'a jamais préparée. Elle pousse vers Jade une tasse fumante.

– Il avait l'air tendu depuis une semaine. J'ai mis ça sur le compte de la fatigue. Je pense que s'il avait eu des ennuis, il m'en aurait parlé… Et quels ennuis voulez-vous qu'il ait dans une usine d'engrais ?

– Évidemment…

Jade avale une gorgée de thé. Puis se lève avec énergie, montrant qu'elle met fin à l'entretien.

– Il me reste à vous remercier, madame.

Elle se dirige vers la porte d'entrée, et marque un temps d'arrêt, la main posée sur la poignée.

– Une chose encore… ajoute-t-elle en se retournant, et vous pardonnerez la franchise de mes questions. Vous formez un couple uni, et vous semblez persuadée que la disparition de votre mari ne peut s'expliquer par une aventure avec une autre femme. Par ailleurs, vous m'avez déclaré qu'il entreprenait de fréquents voyages pour le compte de l'usine Stanford. Vous avez confiance en votre mari, mais la confiance, ça se mérite… N'avez-vous jamais tenté de savoir où il allait ?

Mary Alridge ébauche un pauvre sourire.

– Si… Son passeport m'a bien renseignée. Et il m'a montré que je ne me trompais pas sur lui. J'ai juste relevé un fait curieux : je n'ai jamais trouvé sur lui de billet d'avion…

– Où allait-il en général ?

– Au même endroit à chaque fois. Là où il devait d'ailleurs partir après-demain, s'il n'avait pas…

Sa voix se brise et elle se détourne. À contrecœur, Jade la fixe, essayant d'accrocher son regard ; elle doit obtenir une réponse à sa question. Mary Alridge lève les yeux.

– À Prague.

5

– Mes chers amis, attaque le colonel Baltimore Meeks, je vous ai réunis pour vous communiquer un certain nombre de faits qui, pour n'être pas encore alarmants, méritent qu'on s'y intéresse de près.

En arc de cercle autour de lui, assis sur des chaises ou sur le canapé, un dossier entre les mains, les membres de la Fog Company tendent l'oreille.

– Mis à part Dud, qui l'a connu sur les bancs de l'université avant la guerre, vous ignorez presque tout du dénommé Thomas Horn. Le dossier que je vous ai préparé vous renseignera sur le personnage. Ce qu'il faut savoir, c'est qu'il présenterait une menace indiscutable pour notre pays s'il lui prenait l'envie de réapparaître après plusieurs années d'éclipse. Jade, qui enquête sur la disparition d'une des relations de notre homme, m'a appelé tout à l'heure. Les nouvelles ne sont pas réjouissantes. Il y a dans le Dorset une usine d'engrais, l'usine Stanford, qui semble avoir pour spécialité de rayer de la carte les ingénieurs qui travaillent dans son secteur recherche : deux noms, auxquels je vous demanderai de vous intéresser…

Fingal Warren sort un calepin et un stylo et commence à noter.

– … Ronnie Alridge et Paul Hereford. Je veux tout savoir sur eux, leurs études, leurs manies, la couleur de leurs chemises, le surnom de la vache qui produisait le lait de leurs biberons… Par ailleurs, Jade m'a alerté sur des voyages qui auraient été effectués par ces deux hommes à Prague au cours de ces derniers mois. Je veux quelqu'un là-bas, au cas où les prochaines découvertes de Jade nous amèneraient à réagir vite. J'ai pensé à vous, Dud.

Le Dr Dud Cromwell opine en silence.

– La chimie, c'est votre partie, et vous êtes le seul à avoir vu Thomas Horn. Si cette enquête devait tourner court, vous en seriez quitte pour quelques jours de tourisme en Tchécoslovaquie. Des questions ?

– Pourquoi envoyer Dud à Prague ? demande le Pr Travis Floyd. Ces voyages d'affaires ne sont pas a priori suspects !

– Prague est le dernier endroit où l'on aurait aperçu Thomas Horn. Je n'aime pas les coïncidences. Mais souhaitons tout de même que celle-ci soit innocente. Car cet homme, c'est une bombe ambulante…

Jade, après être sortie du bureau de poste où elle a pu joindre le colonel, est retournée à l'hôtel Kings Arms. En son absence, Ned s'est chargé d'y réserver deux chambres. Durée du séjour : indéterminée.

Il l'attend, juché sur un tabouret devant le comptoir, en grande discussion avec le barman. Il prend son rôle d'adjoint au sérieux. Jade file droit sur lui et s'installe.

Ned lui raconte sa brève entrevue avec Mrs. Hereford, une femme discrète et résignée qui a seulement consenti, d'une voix éteinte, à répéter son histoire, très semblable à celle de Ronnie Alridge. Un beau soir, son mari n'est pas revenu de son travail et elle n'a plus jamais reçu de nouvelles de lui.

La porte de l'hôtel livre soudain passage à Lincoln Waltz. Comme surpris de les rencontrer, il se dirige vers eux.

– Eh bien, vous y prenez goût à notre petite ville ! dit-il en s'accoudant près de Jade. Je croyais que vous seriez déjà repartis pour Londres !

– Tout le monde peut se tromper, répond Jade avec une amabilité forcée.

– Ne me dites pas que c'est à cause de ce vieux Ronnie !

– L'affaire n'est pas classée, que je sache !

Jade n'a pu se contenir. Sa remarque a claqué comme un coup de fouet. Lincoln Waltz avait le don de l'insupporter avant même de montrer une façon dégagée d'aborder la disparition d'Alridge. En retour, le policier affiche un air goguenard.

– Vous ne devez pas avoir grand-chose à vous mettre sous la dent, à Scotland Yard ! ricane-t-il.

Jade pivote sur son tabouret et lui fait face.

– Vous qui êtes un policier d'élite, grince-t-elle, vous pouvez m'expliquer pourquoi vous m'avez caché la première disparition, celle d'Hereford ?

Piqué au vif, Waltz se redresse, ce qui tend la boutonnière de sa vareuse. Le ton monte de part et d'autre.

– Sur quoi vous enquêtez ? Alridge ou Dorchester ? aboie-t-il.

– Pour vous, aucun lien n'unit les deux affaires, peut-être ?

– Pourquoi ? Parce qu'ils ont tous les deux disparu ? Parce qu'ils étaient employés de la même usine ?

– Par exemple !

– Je suis allé à l'usine Stanford. Ils fabriquent des engrais, pas des bombes atomiques ! Maintenant, si ça vous plaît de dépenser sans motif valable l'argent du gouvernement dans tous les bars du comté, à votre aise !

Jade descend de son tabouret, une pâleur envahit son visage. Mauvais signe.

– Je suis vraiment verni !...

Ned a contourné son amie et s'est interposé.

– Mon article pourra s'honorer de dresser de la collaboration entre les polices un portrait élogieux !

Son intervention ramène un semblant de calme. Celui d'une paix armée. Lincoln Waltz se détache du bar et regagne d'un pas lourd la sortie. Sans se retourner, il lance :

– Je suis à votre disposition, inspecteur !

Puis il hausse les épaules et sort.

– Quel abruti ! gronde alors Jade en regrimpant sur son tabouret.

– Curieux personnage, confirme Ned avec

plus de modération. Ta présence n'a pas l'air de l'enchanter, ce qui, quand on te regarde, prouve chez lui un manque de goût ahurissant.

Le compliment arrache un sourire à Jade, mais ne dissipe pas totalement sa mauvaise humeur.

– Il ne m'inspire pas, ce Waltz, marmonne-t-elle. On devrait s'en méfier.

– On s'en méfiera mieux le ventre plein. Viens, je t'invite.

Jade débouche sur South Street. Après le dîner, elle a ressenti le besoin de marcher un peu dans la ville. Ned, qui s'est proposé de l'accompagner, n'a pas insisté devant son refus.

Le hasard de la promenade la ramène près du domicile de l'ingénieur. Alignées au cordeau de part et d'autre de la chaussée, les façades rouge brique semblent se défier sous la lune. Jade lève les yeux, une seule fenêtre est allumée, celle du domicile des Alridge. Près de la porte d'entrée, une Chevrolet est garée, tous feux éteints.

Jade la dépasse et jette un coup d'œil à travers la vitre. Au volant, peu visibles du fait de la nuit et de l'éclairage absent, elle distingue deux hommes. Celui qui se tient au volant porte un feutre cabossé qui lui dissimule le haut du visage. À son passage, têtes droites, ils n'ont pas un regard pour elle.

Elle poursuit, l'image de Mary Alridge à l'esprit. Une femme qui l'a bouleversée à la première rencontre, victime anonyme et passive d'une affaire qui la dépasse et la broie. Et qui tente de rester digne alors que sa vie se délite sous ses doigts. Elle voudrait tellement pouvoir l'aider…

Dans son dos, Jade entend le bruit d'un moteur qu'on démarre. Elle continue à marcher. La voiture prend de la vitesse, le bruit se rapproche.

Quelque chose ne va pas.

Le front de Jade se plisse, elle raccourcit son pas, tend l'oreille. Un nuage obscurcit la lune. La lumière ! Il n'y a pas de lumière ! Pourquoi n'ont-ils pas allumé les phares ?

Elle se retourne au moment où, dans un rugissement d'accélérateur, la Chevrolet mord l'asphalte. Au même instant, une lumière jaune, celle des phares brusquement enclenchés, l'éblouit. Elle se protège instinctivement les yeux de la main droite. Encore vingt mètres avant que la voiture ne la percute. Trop tard pour tirer le pistolet de l'étui logé sous sa veste.

Dix mètres.

Elle tourne les épaules vers la façade la plus proche, avance d'un pas, le temps que la voiture amorce un changement de direction, puis se bloque et plonge de l'autre côté. L'aile gauche de la Chevrolet heurte l'extrémité de sa chaussure. Elle se reçoit sans grâce sur le sol, roule sur le côté, se retrouve à genoux pour voir la voiture se remettre en ligne dans un hurlement de pneus malmenés et remonter South Street, le moteur emballé. Bientôt, accompagnés d'un ultime miaulement, les feux arrière rouges disparaissent au coin d'une rue adjacente.

Toujours au sol, Jade respire à fond pour ralentir les battements de son cœur.

Une chose ne fait plus aucun doute maintenant : il est arrivé quelque chose à Ronnie Alridge.

Son propre séjour à Dorchester risque de se prolonger un peu.

6

L'usine, protégée par un mur d'enceinte d'environ quatre mètres, comprend trois corps de bâtiments dont l'un, situé à l'écart des deux autres, accueille dans une large cour une dizaine de camions de livraison.

Arrêtée par une barrière, la Morris attend pour y pénétrer le bon vouloir du gardien qui consulte par téléphone la direction de l'usine. Jade lui a présenté le courrier préparé par le colonel Baltimore Meeks. À en-tête du ministère du Commerce et de l'Industrie, il stipule qu'elle doit effectuer une visite d'inspection ordonnée par la Commission de sécurité. Le document est authentique depuis la veille. Melody Mac Bride a apporté un soin particulier à reproduire le tampon du ministère dans la cuisine de sa maison du Kent, et ce courrier a été remis à Jade le matin même par porteur spécial, un correspondant du MI5 chevauchant une puissante Triumph.

– Vous pouvez y aller, c'est en règle !

Jade remercie le gardien et va garer sa voiture près de l'entrée principale. Sur le pas de la porte, deux hommes l'attendent déjà. Le premier lui tend la main lorsqu'elle s'avance vers lui.

– Enchanté, Mrs. Wells. Je suis Somerset Crinan, le directeur adjoint de cette usine, et voici notre chef de la sécurité, George Dove.

Jade serre une seconde main et croise le regard du personnage qui se tient légèrement en retrait du directeur. Environ trente-cinq ans, une coupe de cheveux militaire, des pommettes hautes, un costume gris, on verrait plus facilement George Dove dans le secteur bancaire qu'à la tête d'une armée de vigiles. Ses yeux verts dégagent une impression de douceur à laquelle Jade décide sur-le-champ de ne pas se fier.

– Nous vous guiderons, si vous le permettez, reprend Somerset Crinan, et répondrons à toutes les questions, si vous en avez.

– J'en aurai, répond Jade qui, pour rester

dans son rôle, garde les lèvres pincées, c'est mon métier.

– Par ici…

Jade suit ses guides imposés et sort de son sac un calepin et un stylo.

Ils dépassent une pièce vitrée où Jade observe la présence d'un autre gardien, installé à un bureau devant un combiné téléphonique. Une vraie forteresse… Dès le début de la visite, le directeur adjoint se lance dans l'exposé du fonctionnement de son usine.

– Nous sommes organisés en départements depuis la fin de la guerre : recherche, développement, production…

Régulièrement, Jade hoche la tête et note une remarque dans son calepin. Mais c'est son regard qu'elle exerce en premier lieu : mentalement, elle enregistre la disposition des lieux traversés, le nombre de gardiens, l'emplacement des bureaux, pour le cas où, dans un proche avenir, elle aurait besoin de rendre une visite moins officielle aux établissements Stanford.

Le groupe parvient à un escalier au pied duquel, mains au dos, est posté un molosse à casquette.

– Qu'y a-t-il là-haut ?

Le directeur adjoint s'arrête et revient sur ses pas, tout sourires.

– Des bureaux. Une équipe d'ingénieurs chimistes travaille à l'amélioration de nos produits.

– On peut voir ?

Mr. Crinan marque un instant d'hésitation, balayé par l'intervention de George Dove.

– Bien sûr, madame.

– Je dois vérifier la présence d'un balisage en cas d'incendie, explique Jade, très professionnelle.

Le molosse s'efface et ils gagnent le premier étage. Une succession de portes donne dans un couloir. Jade en ouvre quelques-unes. Les pièces sont occupées par des laborantins en blouse blanche s'affairant auprès d'incubateurs, d'éprouvettes et de microscopes. De crainte d'éveiller les soupçons, elle met fin à cette inspection et suit les hommes qui l'accompagnent, agrémentant toujours la visite de commentaires soporifiques.

Avant d'emprunter un second escalier situé à l'autre bout du couloir, elle tressaille. La dernière porte n'est pas comme les autres ; elle est protégée par une serrure renforcée.

Le programme prévoit un retour au rez-de-chaussée. Jade consulte l'heure à l'horloge fixée au mur. Encore une minute si les montres ont été bien accordées…

Les voici de nouveau dans le hall d'entrée. Jade pose une question liée au plan d'évacuation du personnel quand retentit le hululement d'une sirène d'alerte. Le chef de la sécurité reste calme. Il garde le contrôle de la situation et tient à le faire savoir.

– Veuillez m'excuser, dit-il, sans doute une erreur… Je dois vérifier.

Jade a noté : le regard vert a perdu de sa douceur. Cet incident en présence d'une étrangère au service déplaît à George Dove. Le responsable risque de le payer cher.

Autour d'eux, l'agitation règne. Des gardiens circulent dans le hall et se dispersent aux endroits stratégiques de l'usine, selon une procédure bien huilée. Jade pose sa main sur l'avant-bras de Somerset Crinan.

– Pourrais-je en profiter pour inspecter…

– Oui ? fait le directeur adjoint.

– … vos toilettes ?

– Mais je vous en prie.

Il lui indique une porte déjà repérée par Jade, idéalement située près du poste de contrôle des entrées.

Une fois enfermée, elle se colle au battant et observe son guide par l'ouverture de la porte. Tout se passe comme prévu : le directeur adjoint a calculé qu'il bénéficiait de quelques minutes de tranquillité et part aux renseignements. L'alerte a été donnée sur l'enceinte extérieure, la plupart des gardiens sont sortis. Le hall est libre.

Jade s'y glisse sans bruit et, le dos plaqué au mur, parcourt la distance qui la sépare du bureau. Le gardien est sorti et observe par le carreau de la porte d'entrée le ballet mené par ses collègues. Sans le quitter des yeux, Jade retient son souffle et pénètre dans la pièce. Elle feuillette rapidement le cahier abandonné sur la table du téléphone : un agenda.

D'une double pression du pouce, elle enclenche l'appareil photo miniature dissimulé dans le capuchon de son stylo et prend des clichés de chaque page. Cette opération effectuée, elle ressort et réintègre les toilettes.

Juste avant que ne réapparaisse le directeur qui réajuste son nœud de cravate. Elle pousse la porte et lui sourit.

– Alors ? demande-t-elle en le rejoignant.

Il se racle la gorge.

– Eh bien, l'incident est clos.

– Qu'est-il arrivé ?

– Derrière l'entrepôt de stockage, on a trouvé deux… deux poules.

Les yeux de Jade s'arrondissent.

– Des quoi ?

– Oui, des poules. il doit s'agir d'une plaisanterie de gamins qui les auront jetées par-dessus le mur d'enceinte. L'une d'elles est venue heurter un fil de détection, d'où le déclenchement de la sirène…

– Vous ne prenez pas la sécurité à la légère, chez Stanford ! s'exclame Jade.

– Nous n'aimerions pas qu'on nous vole les stocks entreposés ici ! D'autre part, nos recherches intéressent forcément nos concurrents directs. L'espionnage industriel n'est pas une légende, vous savez…

– On ne prend jamais assez de précautions ! dit Jade pour conclure. Bien ! J'en ai suffisamment appris, je crois être en mesure de fournir un rapport qui établira la parfaite conformité de votre usine aux règles de sécurité exigées. Je n'aurai donc pas le plaisir de vous revoir, sinon dans quelques années, à l'occasion d'un autre contrôle…

Après les banalités d'usage, Jade prend congé du directeur adjoint et se dirige vers la Morris. Comme pour éviter une manœuvre, elle pousse jusqu'au hangar de stockage et longe la file de camions garés.

Dissimulée par le dernier d'entre eux, elle découvre une voiture en effectuant son demi-tour.

C'est une Chevrolet. Modèle étudié pour écraser les enquêteurs gênants.

La date prévue pour la seconde visite de contrôle pourrait bien être avancée…

7

Kings Arms Hotel, chambre 21, celle de Jade.

Ned, assis sur le lit, tient une photo entre les mains, prise sur la table de chevet. Elle montre en noir et blanc un couple, trente ans peut-être, qui se tient par la taille, les parents de Jade. Photo jaunie. Ned se penche et observe avec attention le visage de la femme. Il enregistre une vague ressemblance avec, oui, Mary Alridge… L'expression, ou ce port de tête légèrement penché…

Il la repose. Impression d'ouvrir un journal intime sans y avoir été invité.

– Tu en as encore pour longtemps ? dit-il d'une voix forte.

– Non, répond Jade à travers la porte de

la salle de bains, mais tu devrais m'attendre en bas, dans le petit salon, je te rejoins !

Ned grogne – elle en met du temps à se préparer ce matin ! – puis obtempère.

De l'intérieur, Jade l'entend qui quitte sa chambre. Le local est plongé dans une obscurité presque complète. Des serviettes ont été posées au sol pour éviter qu'un rai de lumière passe sous la porte. Une ampoule inactinique a remplacé celle du bandeau de l'armoire de toilette. Il n'a fallu qu'un quart d'heure à Jade pour transformer l'endroit en laboratoire de développement photo.

Dans le bac de la douche, des clichés flottent dans un bain de fixateur. Jade en saisit un à l'aide d'une pince et l'approche de l'ampoule. Parfait ! Tout est lisible. Dans quelques minutes, elle aura à sa disposition une somme d'adresses et de numéros de téléphone qu'il lui restera ensuite à éplucher. Avec un objectif prioritaire : l'aérodrome utilisé par l'usine Stanford pour importer ses produits chimiques. Car si Mary Alridge n'a jamais trouvé sur son mari de billet d'avion, c'est donc qu'il voyageait par transporteur privé. Hautement intéressant…

Ned repose la théière, croise les doigts

sous son menton et regarde Jade assise en face de lui.

– Que comptes-tu me confier comme mission, aujourd'hui ? dit-il. Hier, j'ai jeté des poules au-dessus d'un mur d'enceinte. Voyons, tu pourrais me demander d'introduire un couple de cochons dans un bureau de poste, ou une colonie de fourmis dans les chaussures de Lincoln Waltz. J'attends tes instructions…

– Tu m'as été très utile, répond Jade en riant, plus que tu ne l'imagines. Mais ton rôle s'arrête ici.

Elle ne lui a rien dit de la tentative d'assassinat dont elle a fait l'objet au cours de sa promenade dans South Street. Inquiet, il refuserait certainement ce qu'elle a prévu de lui demander.

– J'aimerais que tu rentres à Londres.

Ned se rembrunit. Il proteste.

– Mais tu pourrais avoir…

– Tu m'as promis ! l'interrompt Jade. C'était la condition, souviens-toi !

– D'accord, d'accord ! J'obéirai, chef ! Mais que vas-tu faire dans ce ravissant patelin qui t'impose d'éloigner le plus efficace de tes gardes du corps ?

– Pas de question !

– C'est une réponse…

Ned est redevenu sérieux.

– Es-tu sûre d'avoir fait le bon choix, Jade ? En ce moment, tu pourrais te tenir sur le banc de l'université, et n'avoir d'autre souci que celui de réussir tes examens. J'ai du mal à saisir ce qui te motive…

– Alors n'essaie pas.

Jade sent que la conversation va dériver sur un terrain plus intime. Elle se construit une froideur épaisse comme une carapace, et évite le regard de Ned. Elle a travaillé dur avec son oncle pour se préparer une existence sur le fil du rasoir. Elle récolte la peur, le danger, et commence une guerre intime quand s'achève à peine celle qui a mis le monde à feu et à sang. Comprendre… Elle n'a pas envie de comprendre, ni besoin qu'on l'y invite.

– Je dois filer, dit-elle en se levant. On se revoit à Londres.

– En ce qui me concerne, le plus tôt sera déjà bien tard. Fais attention à toi…

Main à plat posée contre le front, il lui adresse un salut militaire et la regarde s'éloigner.

8

Godmanstone, à trois miles de Dorchester. Des nuages noirs rendent aveugle la lune fichée dans un ciel plombé. Allongée au creux d'un fossé, Jade attend minuit. Le sol froid lui glace le dos.

Les cheveux attachés par un foulard, vêtue d'une combinaison noire, elle a pour compagnie un couple de corbeaux glanant dans les sillons du champ qui longe sa cible de quoi tromper la faim, ou un ennui d'oiseau. Et le souffle d'un vent intermittent dans les mailles du grillage qui délimite l'aérodrome.

Elle a passé la journée à éplucher les documents volés à l'usine. Des noms, transmis au colonel pour vérification, des numéros de téléphone, des adresses, dont celle de Godmanstone.

Godmanstone. Un club aéronautique. Mais pas seulement… La présence d'un gardien effectuant des rondes régulières près de la tour de contrôle en est la preuve.

Il est temps. D'un sac en toile noire passé en bandoulière, Jade extrait une pince coupante. Pratiquer une ouverture dans le grillage lui réclame deux minutes. L'obstacle franchi, elle parcourt, cassée en deux, la distance jusqu'au bimoteur à l'arrêt devant le hangar le plus proche.

Elle a déjà calculé le meilleur trajet pour atteindre la tour où sont archivés les documents de vol. Après le hangar, il faudra traverser une piste, une cinquantaine de mètres à découvert. Et ne pas se faire repérer.

Profitant du passage d'un nuage devant la lune, elle se rue sur le tarmac, l'œil rivé sur la silhouette visible dans la baie vitrée de la tour, au sommet.

Aucune réaction à l'étage. Elle récupère un instant, puis enchaîne : elle ouvre la porte doucement et grimpe la volée d'escaliers qui se présente à elle.

La surprise doit jouer, elle n'est pas attendue. Le son d'une radio la guide vers la pièce occupée.

Repérage éclair. Un seul homme, qui lui

tourne le dos, assis sur une chaise, les talons posés sur le bord d'un tableau lumineux. Il planche sur une grille de mots croisés. Peut-être ceux élaborés par Fingal Warren, le spécialiste du codage à la Fog Company…

Jade se débarrasse de son sac et s'avance dans la pièce, pas à pas. Elle a vérifié qu'aucune lumière dans son dos ne pouvait projeter son ombre vers le gardien. À deux mètres, elle se ramasse et bondit sur lui, les deux bras en avant. Le droit vient se refermer sur sa gorge, comprimant la glotte et la trachée, tandis que l'autre bloque la nuque. En déséquilibre sur sa chaise, il ne peut réagir. Jade l'amène vers elle, accentuant la cassure des cervicales, et serre. Lorsqu'elle sent le gardien mollir entre ses bras, Jade relâche son étreinte et le laisse s'écrouler au sol. Champ libre.

Jade ne perd pas de temps – il reste un gardien à l'extérieur – et se précipite vers les classeurs métalliques situés dans le fond de la salle. Y sont conservés, pour la période récente, les plans de vol, les immatriculations d'appareils, leurs heures de départ, d'arrivée, et leurs destinations. Le rangement par ordre alphabétique lui mâche le travail. À la lettre S, elle déniche une chemise cartonnée au nom des usines Stanford.

Les documents font état de plusieurs voyages commerciaux effectués dans l'année par un quadrimoteur Farman, avec une fréquence accrue au cours des deux derniers mois.

Fret enregistré au retour : caisses de produits chimiques.

Origine : Chemitronik.

Lieu de livraison : Prague, Tchécoslovaquie.

Jade repose les documents et soupire. Que se passe-t-il avec les établissements Stanford ? Qu'allaient faire à Prague les ingénieurs mystérieusement disparus ?

Le cuir d'une semelle…

Jade pivote et pare de l'avant-bras. Elle n'a pas eu le temps de se décaler, la crosse du pistolet tenu par le second gardien apparu sans bruit rebondit sur son omoplate. Une douleur aiguë lui transperce l'épaule. Son genou, lancé par réflexe, vient pourtant s'écraser au creux de la cuisse de son adversaire qui perd l'équilibre.

La frappe n'est pas décisive, Jade le sait. En grimaçant, elle soulève son bras et tente de contenir la douleur qui descend dans son dos. Faire le vide.

En face, l'autre s'est rétabli et se remet en

position, une joie mauvaise au fond des yeux. La résistance offerte par Jade le met en appétit. Le plaisir du combat se lit sur son visage.

Il jette sa casquette au sol et s'avance.

– Alors, mignonne, feule-t-il, on veut jouer ?

Jade détend ses muscles. Quand l'adversaire parle, c'est toujours pour vous endormir. L'assaut est imminent.

Il se jette sur elle, les mains dirigées vers sa gorge. Jade agrippe l'intérieur de sa manche droite en pénétrant le demi-cercle que forment les bras ouverts. Utilisant l'élan de la charge, elle le projette sur la table où il s'écrase en poussant un grognement de colère. Profiter de l'avantage. Il essaie de se remettre sur pied, Jade ne lui en laisse pas le temps. Le bout de sa semelle le cueille à la pointe du menton, puis elle soulève la jambe et frappe du talon au foie. Le gardien se plie en deux, hoquette, un filet de bave aux lèvres. Jade regarde autour d'elle, s'empare d'une agrafeuse et l'abat violemment au sommet de son crâne.

C'est fini.

Mains posées sur le dossier d'une chaise, elle reprend son souffle en contemplant les dégâts. Son intrusion ne sera pas passée inaperçue. Et le second gardien l'a vue.

La fin de son séjour à Dorchester risque d'être mouvementée.

Il est temps de contacter le colonel à Londres. Prague revient comme un refrain dans cette affaire, il est urgent qu'un membre de la Fog Company s'y rende sans tarder. Au siège de Chemitronik.

En espérant que sur cette ville ne plane pas l'ombre de Thomas Horn.

9

Le Dr Dud Cromwell débouche sur l'esplanade de Ruzyne, l'aéroport de Prague, et écarte le col de son manteau. Un taxi vient se ranger devant lui.

– Hôtel Evropa, 25 place Vaclavské, dit-il en ouvrant la portière.

Il soupire d'aise en s'installant sur la banquette arrière. Le chauffeur n'a pas fait de remarque sur son accent tchèque. Le don des langues est une question d'oreille...

– Anglais ? fait le chauffeur en se tournant à moitié.

– Oui, répond sèchement l'agent de la Fog Company, vexé.

Puis il laisse son regard s'imprégner du paysage. Un soleil printanier réchauffe l'atmosphère. Le ciel est d'un bleu presque aveuglant.

Pendant les dix-neuf kilomètres de la course, le docteur repense aux consignes transmises par le colonel : s'installer au centre-ville et appeler toutes les heures son domicile à Lupus Street. En cas de besoin, il faudra réagir vite.

Thomas Horn. Dud Cromwell revoit un visage étroit, des joues creuses, et les yeux toujours en mouvement du brillant étudiant à l'École supérieure de chimie qu'il a connu pendant sa propre formation. Une équipe gouvernementale, alertée sur ses dons exceptionnels, avait déjà approché l'étudiant signalé par des professeurs zélés pour le diriger, après obtention de ses diplômes, sur les secteurs sensibles de la production d'armes chimiques et bactériologiques. Il n'en avait plus entendu parler, jusqu'à ce que Baltimore Meeks raconte sa disparition.

Le taxi a quitté la périphérie et traverse la Vltava. À la faveur d'une trouée dans les façades baroques de la vieille ville, le docteur aperçoit l'horloge astronomique de l'Hôtel de Ville. Il est presque arrivé à destination.

Son dernier séjour à cet endroit est vieux de quelques années. La mission accomplie dans la capitale tchèque – ramener un partisan du président Benes à Londres – avait été couronnée de succès.

Il est écrit que Prague lui porte chance...

Assis sur un banc dans le coin le plus sombre de la brasserie, Dud Cromwell pose sur la table l'enveloppe transmise par le correspondant tchèque du MI5, sur ordre du colonel Meeks. Le serveur se présente et, sans un mot, pose une chope de Pilsen devant lui avant de marquer d'un trait le coin de la nappe. Ici, on ne sert que des demi-litres de pression. Calculer la note se résume à compter les traits.

Le docteur trempe ses lèvres dans la mousse de sa bière et sort de l'enveloppe les instructions reçues. Il n'est ici que depuis deux jours mais il y a déjà du nouveau. Jade a découvert qu'une liaison aérienne permet à l'usine Stanford en Angleterre de commercer avec la société Chemitronik à Prague. Il faut découvrir la nature des produits importés. Chemitronik fournit au monde entier des composants chimiques. Des spécialistes sont régulièrement intégrés au personnel tchèque. Il faut se faire passer pour l'un d'eux et briguer une place. Des papiers ont été établis au nom du Pr Dud Clayburn, diplômé de Cambridge, membre depuis cinq ans de l'équipe du Pr Wallace au laboratoire Cavendish. Dans les heures à venir, tous ces éléments seront confirmés par le personnel sur place en cas d'appel de Tchécoslovaquie.

Dud Cromwell empoche les faux papiers et range les autres documents dans l'enveloppe. Avant de sortir, il les brûlera dans les toilettes.

Il avale une autre gorgée de bière et se lève.

Les vacances sont terminées.

Depuis une heure, les portes métalliques des établissements Chemitronik se sont refermées sur lui. Situés rue Moskevska, ils sont abrités dans un bâtiment austère donnant sur une cour rectangulaire.

Le Pr Dud Clayburn a été reçu par le chef du personnel dans un bureau au deuxième étage. Un entretien courtois s'est engagé.

Heureusement, l'homme parlait un anglais presque parfait. Raisons de la candidature, spécialités, travaux menés au cours des derniers mois. Le professeur a récité sa leçon, et justifié sa demande par le projet, pour des raisons personnelles, de s'installer définitivement à Prague.

– Je crois savoir que vous fournissez certaines sociétés en produits de base pour les engrais agricoles, déclare le Pr Clayburn à son interlocuteur, et j'ai précisément effectué des recherches dans ce domaine. J'aimerais pouvoir exposer l'état de mes travaux, et vous convaincre de mes compétences. Vous pardonnerez mon empressement, mais j'ai besoin de travailler pour m'installer. Si vous avez un moment…

Il plonge sa main dans une serviette en cuir gonflée par une épaisseur conséquente de documents. Le chef du personnel l'arrête.

– J'ai un moment, mais pas les compétences requises…

Il se lève et contourne son bureau.

– Venez avec moi, je vais vous conduire au laboratoire. Là-bas, des hommes vous prêteront une oreille attentive, et qualifiée.

– Je suis à votre disposition.

Son hôte l'entraîne dans le couloir et le guide vers un secteur du bâtiment où les blouses blanches se font plus nombreuses. Alors qu'ils passent devant une porte vitrée, celle-ci s'ouvre et une jeune femme blonde les interpelle.

– Monsieur Husak ! Les Anglais sont arrivés, ils vous attendent en bas.

– Ah, bien… répond l'intéressé. Professeur Clayburn, je dois vous laisser, des compatriotes à vous sont là…

Il tend le bras et désigne le couloir.

– Au fond vous trouverez le laboratoire de chimie organique. Demandez le professeur Slanski de ma part, et expliquez-lui votre affaire. Je vous rejoins dans un moment.

Dud Cromwell le remercie d'un mouvement du buste et se met en marche. Vingt mètres après, il se retourne. Husak a disparu.

Il faut trouver une blouse blanche…

10

Il est redescendu au rez-de-chaussée. La logique veut que le matériel en livraison soit entreposé au plus près des camions qui l'acheminent vers l'aéroport. La blouse blanche, dénichée sur le dossier d'une chaise dans une salle de réunion déserte, rend sa présence peu suspecte, mais les minutes passent, et s'il prend à M. Husak l'envie de le récupérer au laboratoire, la situation deviendra vite critique.

C'est déjà la seconde serrure qu'il force. Dans la première pièce étaient stockées des substances toxiques, mais faciles à obtenir, chlore, ammoniac... Pourquoi l'usine Stanford les importerait-elle ? La pièce qu'il va explorer se situe au fond d'un corridor et forme l'angle est du bâtiment. Une porte dans le prolongement offre un accès à l'extérieur.

Avant de s'attaquer à la serrure, Dud Cromwell l'a poussée ; une rampe permet de descendre des chariots, et il y a la place pour garer un camion si nécessaire.

Il entre dans une pièce éclairée faiblement par une rangée de néons et referme à clé derrière lui. Des étagères chargées de flacons courent le long des murs. Au centre s'entassent des cartons.

Le Dr Cromwell s'en approche, sort une lampe de sa poche et déchiffre les étiquettes. Des villes d'Europe, suivies de noms de sociétés. Et puis des dates. C'est le bon endroit.

Il poursuit ses recherches, le rond jaune diffusé par sa lampe saute d'étiquette en étiquette. Jusqu'à ce qu'il trouve enfin… Stanford, Angleterre. Une seule caisse. Livraison prévue pour le jour même. Les Anglais dont on a annoncé la présence ! Ils arrivent de Dorchester ! Et c'est ici qu'on va les conduire…

Il s'accroupit. À l'aide d'un canif, il fend le rouleau adhésif qui ferme le carton. À l'intérieur, sous une couche protectrice, des flacons… Le docteur en retire un, le présente à la lumière.

– Oh, mon Dieu… souffle-t-il.

Soudain, il sursaute. En provenance du couloir, il capte une conversation, des bruits de pas. Fébrilement, il replace le flacon, referme le carton et, dans un début de panique, tourne sur lui-même. Pas le temps de sortir, il faut se cacher, mais où ?

Quand la porte s'ouvre, il est accroupi dans un angle, protégé des regards par une étagère haute. Deux employés pénètrent dans la pièce.

– Qui c'est qui m'a fermé ce carton ? grogne le premier. Tu parles d'un boulot !

Et il s'empare d'un rouleau de bande adhésive. Mais le Dr Cromwell ne lui prête pas attention. Ce qu'il regarde, c'est la partie du couloir révélée par l'ouverture, et l'homme qui se tient sur le seuil. De sa position, il ne peut voir son visage. Il faudrait qu'il s'avance un peu, de dix pouces par exemple. Cet homme garde les mains dans les poches. Un autre lui parle, un Anglais. Il porte un chapeau de feutre mou. Le ton qu'il emploie est celui de la déférence.

Dud Cromwell est tenté de se décaler, mais le risque est trop grand. Il enrage. Le carton est emmené par les manutentionnaires. On va refermer la porte. Et puis enfin l'homme figé sur le seuil se décide à avancer d'un pas, son regard balaie distraitement les rangées de flacons.

Et Dud Cromwell découvre son visage…

11

Le colonel Meeks mâchouille l'embout de sa pipe en déplaçant sans y penser les pièces d'un jeu d'échecs. Les flammes de la cheminée, qui éclairent à elles seules le salon de Lupus Street, accusent les traits soucieux de son visage.

Dans son dos, adossé à la rampe de l'escalier, Fingal Warren reste muet.

– Je n'aime pas ce qui se prépare, dit le colonel. Ce sera quelque chose de terrible...

Il se redresse, comme s'il se réveillait d'un mauvais rêve.

– Ce que Dud a trouvé à Prague laisse présager le pire. L'usine Stanford importe de Chemitronik des flacons de DMMP, du diméthyl méthylphosphonate, un composant qui entre dans la fabrication du gaz sarin…

Il lève les yeux au plafond, puis poursuit :

– Le gaz sarin…

Fingal Warren prend le relais.

– Une saloperie, inventée il y a quatre ans, un neurotoxique. Efficace en pénétrant les voies respiratoires, ou par simple contact de la peau. Un seul litre de ce poison vaporisé peut entraîner la mort de milliers de gens. Et les flacons fournis à Dorchester permettent d'en fabriquer plusieurs centaines…

– Que veulent-ils en faire ? éclate le colonel. Ou plutôt, que veut-IL en faire ? Dud a vu celui qui, à n'en pas douter, dirige cette opération. Il s'agit de Thomas Horn…

– Ne peut-on intervenir ?

– Une équipe du MI5, coordonnée par Jade, investit en ce moment même l'usine Stanford. Mais je ne me fais pas trop d'illusion. Horn a dû sentir qu'on lui tournait autour, il aura pris les devants.

La sonnerie du téléphone les interrompt. Le colonel décroche. La conversation dure peu. Quand il repose le combiné, sa mine grave laisse deviner les mauvaises nouvelles.

– C'était Jade, déclare-t-il. C'est bien ce que je craignais. Les fioles de Prague ne sont jamais parvenues à Dorchester. Le Farman qu'ils utilisent pour leurs transports a bien décollé de Prague mais il n'est jamais arrivé sur l'aérodrome de Godmanstone. Pour finir, aucun stock de DMMP n'a été découvert à l'usine. On se retrouve à la case départ.

Il pousse un long soupir.

– La Fog Company va se mettre en état d'alerte. Ce soir, Dud sera de retour. Il a filé en train vers l'aéroport de Turany à Brno pour éviter d'être repéré par les hommes de Horn. Ensuite, il nous faudra attendre…

Des coups violents sont frappés à la porte d'entrée.

– Colonel ! Colonel !

– Ce doit être Travis… J'ai l'impression que nous n'aurons pas attendu longtemps…

Le colonel va ouvrir. Travis Floyd se rue dans la pièce en brandissant une enveloppe kraft.

– Scotland Yard a reçu ce pli il y a une heure. J'ai fait aussi vite que j'ai pu.

– Horn ?

– Ça m'en a tout l'air…

Le colonel plonge sa main dans l'enveloppe et déplie la feuille qui s'y trouve. Elle contient un message tapé à la machine.

Vous avez 48 heures pour réunir la somme d'un million de livres, sinon bien des gens mourront. À Brixton, on vous dira que je ne plaisante pas. Je connais les codes Ultra.

Le jour où le corbeau s'envolera, Londres s'effondrera.

Je vous contacterai bientôt pour vous indiquer où et quand me remettre l'argent.

Jim Crow

Le colonel abaisse la lettre.

– Que s'est-il passé à Brixton ?

– Sous un pont ferroviaire, entourée de terrains vagues, il y a une taverne, The Castle. Quelqu'un a balancé une bouteille de bière à l'intérieur. En se cassant, elle a libéré du gaz. Sept morts. Le lieu est assez isolé pour qu'une plus grande catastrophe ait été évitée.

– Il ne faut pas que ça s'ébruite, ordonne le colonel. Que Scotland Yard fournisse une explication plausible à la population. Je ne veux pas de mouvement de panique. Horn veut nous montrer qu'il ne bluffe pas.

– Pourquoi a-t-il signé la lettre Jim Crow ?

– Je ne sais pas, Travis. Pas encore. Mais il est dans le coup. Les codes dont il parle font référence à la Section Ultra du MI5, cette fameuse unité ultra secrète pour laquelle

Horn a travaillé. Il veut qu'on sache qu'il tire les ficelles.

Le colonel fait quelques pas et balaie d'un mouvement de main rageur les pièces de son jeu d'échecs. Un fou atterrit dans le brasier.

– Nous nous préparons des heures difficiles, croyez-moi... dit-il avec gravité. Passez le message : la Fog Company se réunit ici ce soir. Et que personne ne fasse de projets pour les jours à venir...

12

Les membres de la Fog Company affichent des mines épuisées. Ils ont passé la nuit à Lupus Street, se penchant sur le message de Thomas Horn pour en éclaircir les zones d'ombre. Certains, dont Jade arrivée la veille au soir de Dorchester, ont grappillé quelques heures de sommeil sur le canapé, à bout de résistance. L'aube teinte de gris les vitres qui donnent sur la rue. Le colonel se frotte les yeux et rassemble ce qui lui reste d'énergie pour s'adresser à son équipe.

– Résumons la situation. Deux possibilités s'offriront à nous d'arrêter Horn : au moment de lui remettre l'argent, ou à l'exécution de son plan. Nous n'avons pas encore reçu ses instructions, aussi ne pouvons-nous explorer la première piste. Concernant la seconde, les problèmes ne sont pas résolus. La logique veut que Horn choisisse une position élevée pour larguer efficacement son poison. Les références à la Tour de Londres sont limpides. Les corbeaux qu'on y garde alimentent la légende : le jour où ils disparaîtront, Londres s'effondrera. Ils ont d'ailleurs chacun une aile coupée. Bien… Seulement ce choix est vraiment étonnant ; à cet endroit, la densité de population est faible. Et puis, pourquoi Horn irait-il s'enfermer dans un lieu aussi facile à protéger ? Sans compter qu'avec la présence des Joyaux de la Couronne, il l'est déjà, et sévèrement ! Une fois entré, en admettant qu'il y parvienne, ce qui est impossible si l'on met en place une surveillance serrée, comment pourrait-il s'en échapper ? Et comment se protégera-t-il des effets du gaz ? C'est à n'y rien comprendre.

– J'ai trouvé pour Jim Crow, dit Fingal Warren qui téléphonait pendant l'intervention du colonel. C'est le nom d'un des corbeaux de la Tour.

– Décidément, s'exclame Jade, il tient à ce qu'on se concentre là-dessus !

– C'est bien ce qui m'inquiète… dit le colonel.

Un silence pesant succède à cette phrase. Envahis par un sentiment insupportable d'impuissance qu'accentue la fatigue, les membres de la Fog Company partagent un instant d'abattement. Aussitôt brisé par la sonnerie du téléphone qui retentit dans la pièce. Melody Mac Bride décroche. Les regards se braquent sur elle.

– Oui… Attendez…

Elle réclame un crayon à Dud Cromwell, qui lui tend aussi un bloc de papier sur lequel elle se met à inscrire les consignes reçues. La communication achevée, elle explique :

– Horn a fixé ses conditions. L'argent sera déposé dans la caisse d'un cireur de chaussures de Burlington Arcade près de l'Académie des beaux-arts à midi précis aujourd'hui. Le véhicule qui le transportera sera un taxi rouge obligatoirement conduit par une femme, et il devra partir à 11 h 40 de Hyde Park et suivre le trajet suivant : Oxford Street, North Audley Street, South Audley Street, Curzon Street, Bolton Street et Piccadilly. Si la police se montre en un point quelconque du trajet, notre homme mettra ses menaces à exécution. Voilà…

– Ce type est un malade, conclut Fingal Warren.

– Oui, dit le colonel, mais un malade intelligent. Ce qu'il y a de pire… Nous allons essayer de le coincer à Burlington Arcade !

– Comment ? demande Travis Floyd.

– Vous savez que cette arcade est une propriété privée. Elle est gardée par trois bedeaux qu'on ne peut pas rater : ils portent une redingote et un chapeau haut de forme. Nous allons prendre leurs places. Leur présence semblera normale, et jamais Horn ne pensera à se méfier de gens aussi visibles. Il faut tenter le coup.

– Moi, je conduirai le taxi, dit Jade sur un ton sans appel. Il a demandé une femme, je serai assez ressemblante.

– Au travail ! lance Baltimore Meeks en frappant dans ses mains. Nous avons quatre heures pour affiner notre plan.

Le moteur tourne au ralenti. Jade a posé ses mains sur le volant du taxi et consulte sa montre. Elle ne peut s'empêcher d'étudier les véhicules qui l'entourent ou les passants qui arpentent le trottoir. L'équipe de Thomas Horn la suivra à distance, c'est la seule raison qui explique le trajet imposé. Procédure classique.

Sur le siège gauche, un paquet bien ficelé. Le million de livres rassemblé en liasses. Ou plus exactement les fausses liasses de billets de dix livres ; du papier blanc coupé à la bonne dimension.

Il n'a jamais été question de payer.

11 h 40. En passant la première vitesse, Jade pense aux trois bedeaux qui font les cent pas dans Burlington Arcade. Sous leurs redingotes, trois pistolets chargés. Le colonel a eu un peu de mal à enfiler la sienne, mais il porte le chapeau haut de forme avec une distinction naturelle. Dud Cromwell et Travis Floyd ont hérité des autres uniformes. Le cireur de chaussures a obtenu une journée de congé exceptionnelle.

11 h 45. Jade entame la descente de North Audley Street. La circulation est fluide. Par chance. En cas de problème, il lui serait difficile de tenir les horaires.

11 h 50. Le taxi s'engage dans Curzon Street. Jade perçoit des picotements dans les doigts. Ce plan, elle ne le sent pas. Trop facile. Et ce choix d'une arcade pour récupérer l'argent… Bien sûr, celui qui sera chargé du travail pourra toujours espérer s'échapper par l'entrée secondaire d'une des nombreuses boutiques qui occupent la galerie, mais le quartier est facile à boucler, et des dispositions ont d'ailleurs été prises.

Jade n'a pas le temps de se réjouir de la justesse de son intuition.

Débouchant du passage voûté de Sheperd Market, une voiture lui coupe la route. Jade écrase les freins. Quatre hommes se précipitent sur le taxi, ils portent des cagoules et ont des armes au poing. Le premier ouvre la portière passager.

– La course se termine ici, ma belle.

Il s'empare du paquet abandonné sur le siège. Avec autant d'armes pointées sur elle, Jade ne bouge pas. Elle se contente de fulminer sur son siège. Au milieu du parcours ! Ils ont opéré au milieu du parcours ! Pendant que la Fog Company se polarisait sur cette boîte de cireur de chaussures ! Ils ont été possédés comme des débutants !

Les cagoulés ne s'éternisent pas. Aussitôt le paquet récupéré, ils s'engouffrent au pas de course sous le passage voûté. Leur voiture bloque le passage, Jade est forcée de s'éjecter du taxi pour les suivre.

Dix mètres plus loin, elle les voit sauter dans une Mercedes qui laisse au démarrage un peu de gomme sur la chaussée.

Jade pousse un ultime cri de rage. Ils vont filer vers Green Park, sans doute encore changer de véhicule un peu plus loin. Évanouis dans la nature ! Avec les faux billets.

Elle ferme les yeux.

Maintenant, le corbeau va pouvoir s'envoler…

13

– Oublions la Tour de Londres ! Horn veut nous balader !

Baltimore Meeks a les deux poings serrés. Ses pupilles crachent presque du feu. À l'heure qu'il est, Thomas Horn doit lancer en l'air des liasses de papiers blancs et les regarder retomber sur le sol de sa planque. Mais la scène n'est pas réjouissante. Le code Ultra, le gaz sarin…

– Pourquoi parle-t-il d'un seul corbeau ?

Tout le monde se tourne vers Fingal Warren. Jade fronce les sourcils, ce qui est une façon de l'inviter à développer son raisonnement.

– Oui, reprend leur ami, le dicton parle des corbeaux de la Tour. Le jour où ILS s'envoleront, Londres s'effondrera. Dans le message de Horn, on ne parle que d'UN corbeau.

– Poursuivons sur cette voie, enchaîne Jade. Que pourrait-on appeler corbeau, et qui ne soit pas le gracieux volatile que l'on connaît ?

– Un prêtre ? dit Melody Mac Bride.

– Un auteur de lettres anonymes, ajoute Dud Cromwell.

– Un avion ! s'écrie le colonel. Idéal pour larguer le poison sur Londres !

Il se précipite vers le téléphone, arrache le combiné et tourne le cadran comme s'il espérait le décrocher de son support.

– Allô ! aboie-t-il bientôt. Perry ? Meeks à l'appareil. Je veux savoir s'il y a en ce moment sur les aérodromes de Londres un avion baptisé *Le Corbeau* !... Non ce n'est pas une plaisanterie !... Je te donne dix minutes, pas une de plus ! Je suis chez moi, je garde une main sur le téléphone, et les yeux sur ma montre !

Le combiné manque se briser quand le colonel raccroche.

– Perry est un vieux copain, explique-t-il, c'est le grand manitou du trafic aérien sur Heathrow. Si un coucou à ce nom se trouve dans les parages, il le saura vite. Il n'y a plus qu'à attendre. On peut en profiter pour se préparer. Jade !

La jeune femme bondit sur ses pieds.

– … Va chercher la valise d'urgence dans la cave.

Jade s'exécute. Elle court vers le dégagement, déclenche l'ouverture du passage dérobé et dévale l'étroit escalier qui mène dans les sous-sols de la maison.

La porte 9. L'arsenal. Posée près de l'entrée, une valise en cuir attend. Elle contient trois revolvers avec chargeurs, quelques grenades et, démonté, un fusil Mauser équipé d'une lunette de tireur d'élite ; un joujou qu'elle peut rendre opérationnel les yeux fermés en une minute trente chrono. Et avec lequel elle peut, à distance respectable, éborgner une mouche posée sur un noyau de cerise.

Munie du matériel, elle réapparaît dans le salon au moment où le téléphone sonne et fait sursauter la moitié des occupants de la pièce, déjà sous tension.

– Oui ! hurle le colonel alors que l'écouteur n'est pas encore contre son oreille. Alors ?… Bravo, Perry, je savais pouvoir compter sur toi ! Je te raconterai une autre fois.

La main qui tient le combiné s'abat.

– Farnborough, à environ quinze miles

dans le sud ! Perry me dit qu'un meeting de voltige aérienne s'y déroule aujourd'hui. Il n'y a que dans ces occasions-là qu'on donne des noms aux avions. Notre corbeau, c'est là qu'on le trouvera ! On fonce !

La pièce se transforme en ruche.

– Fingal !

– Oui, colonel ?

– Vous restez sur place. Si d'autres informations nous parvenaient, montrant par exemple qu'on fait fausse route, je veux que quelqu'un puisse assurer la liaison avec le MI5.

– Bien...

Une minute plus tard, Fingal Warren se retrouve seul dans la pièce. Dans Lupus Street, deux véhicules démarrent en trombe.

L'aérodrome de Farnborough, ce sont trois pistes posées sur une étendue d'herbe pelée et flanquées d'une baraque sans caractère où l'administration, le mess et la buvette se confondent. Il est envahi – une fois n'est pas coutume – par une foule modeste qui se presse autour d'une collection de vieux coucous dont les moteurs vrombissent à tour de rôle. À l'arrivée des voitures transportant la Fog Company, les têtes sont levées au ciel pour suivre la fin de l'évolution d'un biplan virevoltant. Des applaudissements le saluent alors qu'il s'aligne pour l'atterrissage.

Au volant de sa Morris, le colonel file droit vers un porteur de drapeau un peu à l'écart de la foule. Le pare-chocs s'immobilise à quelques pouces de ses jambes.

– Vous faites partie de l'organisation ? vocifère-t-il par la vitre baissée.

– Oui, je suis le commissaire de piste, bafouille le malheureux, surpris.

– Un avion baptisé *Le Corbeau* ! Où est-il ?

L'homme tend un bras tremblotant vers la piste.

– C'est celui qui décolle…

Le colonel assène un coup violent sur son volant.

– Nom de Dieu !

Dans la Morris, les regards se braquent vers un biplan noir dont les roues quittent le sol. À travers le hublot, ils distinguent vaguement le profil d'un homme qui leur adresse un salut.

La main de Jade se tend, index pointé.

– Continue jusqu'à la piste ! L'avion qui arrive !

Le colonel engage la première et la Morris

fait un bond sur le tarmac. À travers le pare-brise, ils observent des mouvements de panique dans la foule vers laquelle ils se dirigent.

Sur les indications de Jade, le colonel manœuvre de façon à rouler près de l'avion qui décélère toujours sur la piste. Avant qu'il ne soit complètement à l'arrêt, Jade ouvre la portière de la Morris et jaillit.

Elle grimpe sur l'aile inférieure du biplan, s'accroche à une traverse et hurle à l'adresse du pilote, dont le regard ahuri coiffé d'un casque en cuir est fixé sur le fusil qu'elle tient en main :

– Je monte derrière vous, et vous me rattrapez l'avion qui vient de décoller ! Des centaines de vies sont en jeu, je n'ai pas le temps de discuter !

Et elle saute sur le siège arrière, calant ensuite son arme entre ses genoux.

Autour d'elle, la carlingue se met à vibrer. Le pilote a relancé les gaz. Il tourne à moitié la tête et crie :

– Rassurez-moi ! Vous êtes la gentille et là-bas ce sont les méchants ?

– Oui, répond Jade, je vous expliquerai après ! Quand ils seront au-dessus de la Tamise, vous arriverez sur eux par le côté ! Vous saurez ?

– Si je saurai ? dit-il en éclatant de rire. Mais vous avez devant vous un as de la RAF, ma petite ! Commandant Perkins, pour vous servir !

14

Jade penche la tête. Le sol s'éloigne sous le fuselage. Elle examine son habitacle et déniche, pendue à une manette, une paire de lunettes qu'elle chausse pour se protéger des rafales de vent. À travers les carreaux, elle aperçoit *Le Corbeau* qui taquine les premiers nuages. Elle tapote l'épaule du pilote et hurle :

– On est loin de la Tamise ?

– Quelques minutes à peine, répond Perkins.

– Commencez à vous rapprocher !

Le pilote hoche la tête et agrippe son manche.

Jade vérifie qu'une balle est engagée dans le canon de son Mauser et ferme les yeux. Peut-être verra-t-elle une occasion se présenter. Si tel est le cas, elle n'en aura qu'une, et aucun droit à l'erreur. Un seul avec la cible. Ne faire qu'un avec elle. Être la cible, et la balle qui la cherche. Le tir est un exercice mental. C'est la volonté qui guide la balle, une fois qu'à force d'entraînements répétés la main a appris à ne plus se trahir. Quand le corps est domestiqué, c'est à l'esprit de ne plus trembler…

Elle ouvre les yeux. *Le Corbeau* a perdu de l'altitude et survole le méandre gris de la Tamise. Perkins amorce son approche sur le flanc gauche. Jade distingue maintenant les occupants du biplan noir : aux côtés du pilote, en qui elle reconnaît George Dove, Thomas Horn fixe l'horizon.

Deux autres passagers occupent les places arrière, dont le directeur adjoint de l'usine Stanford, Crinan, et un autre qui s'obstine à plaquer sur son crâne un chapeau de feutre déformé par le vent.

Il faut provoquer Horn…

Jade, qui garde son fusil caché dans l'habitacle, ôte ses lunettes et se signale une nouvelle fois auprès du pilote.

– Plus près ! crie-t-elle.

L'avion prend de la gîte et Londres bascule de plusieurs degrés sous le nez de l'appareil.

Thomas Horn les aperçoit alors. Il semble d'abord surpris, puis Crinan lui glisse un mot à l'oreille. Il a reconnu en Jade l'inspectrice de la sécurité venue visiter son usine. Horn comprend, et sourit. Il fait alors ce que Jade espérait. Il s'empare d'une bouteille posée à ses pieds et l'exhibe en élargissant son sourire. Le défi. Pour Horn, Jade ne peut plus contrecarrer l'exécution de ses projets, c'est donc son pouvoir contre son impuissance. Combien de ces bouteilles conserve-t-il à ses pieds ?

– Tourne la tête... gronde Jade entre ses dents sans le quitter des yeux, un petit effort...

Thomas Horn, la bouteille toujours levée, comme pour porter un toast mortel, semble là-bas lui obéir. Il ignore Jade un instant pour transmettre des consignes au pilote.

Le Mauser surgit de l'habitacle.

– Stabilisez ! hurle Jade.

Sous les avions défile une zone industrielle bordant la bande grise de la Tamise. C'est le moment idéal. Elle cale la crosse au creux de son épaule et appuie sa joue sur le métal de la culasse, le pouce droit posé sur le levier d'armement. Bloque sa respiration. Une seule chance...

La détonation couvre le bruit du moteur.

À cent mètres, la bouteille de sarin explose dans la main de Thomas Horn.

À cette distance, Jade n'entend aucun cri. Mais le poison a giclé, et les quatre hommes se tordent sur leurs sièges en ouvrant des bouches de poissons asphyxiés.

Immédiatement, *Le Corbeau* pique du nez et plonge vers le fleuve.

Jade le suit des yeux, effarée. Il doit s'écraser dans l'eau, il le faut !

Les ailes noires tanguent, comme si elles hésitaient encore sur la cible à choisir, puis la carlingue bascule et pique droit sur les eaux agitées. Dernier réflexe du pilote accrochant le manche devant lui ? L'avion se redresse dans les derniers mètres pour heurter la surface du fleuve avec un angle qui atténue le choc.

Jade pose son front contre le canon de son arme. Toute la tension s'évacue, et elle frémit d'une terreur rétrospective. Il lui faut un moment pour se remettre. Enfin, elle parvient à s'adresser au pilote.

– Commandant Perkins, dit-elle, quand nous serons au sol, vous me ferez penser à vous embrasser.

Le visage réjoui du pilote se tourne vers elle.

– Je n'y manquerai pas, soyez-en sûre.

Jade écarte une mèche qui se plaque contre son front.

– On rentre !

15

– Et si vous aviez atteint Horn ?

Fingal Warren trempe ses lèvres dans le verre de Pimm's en évitant la tranche de concombre et la feuille de menthe qui en décorent le bord, et scrute Jade qui s'abandonne à la chaleur des flammes près de la cheminée.

– Je n'ose l'imaginer… répond-elle, le regard perdu dans le vague.

– Jade tord le hasard comme d'autres les petites cuillers, dit le colonel Baltimore Meeks du fond de son fauteuil, à distance et par la seule force de sa volonté…

Fingal Warren acquiesce. Il va finir par en être persuadé. La jeune femme montre des capacités époustouflantes dans les instants critiques. Et elle acquiert au cours des missions une autorité qui le laisse pantois, étant donné son jeune âge.

Au manoir Tudor, la Fog Company se retrouve, après la coupure d'une nuit de repos appréciée de tous. Mme Lavigne leur mitonne un plat derrière la porte close de sa cuisine et la conversation s'enlise dans la torpeur que provoque la chaleur ambiante.

Dud Cromwell brise le ronronnement général.

– Au fait, colonel, lance-t-il d'une voix forte, vous avez des nouvelles de Dorchester ?

– Très récentes, oui, puisque Scotland Yard a placé l'ami de Jade sous les verrous ce matin même !

– Mon ami ? réagit la jeune femme.

– Je voulais dire Lincoln Waltz... N'avez-vous pas fortement sympathisé ?

Jade secoue la tête d'un air consterné.

– Depuis deux ans, poursuit le colonel, ce respectable officier de police touchait de coquettes sommes des établissements Stanford. Son travail consistait à étouffer toute enquête concernant les employés de l'usine d'engrais. Les malheureux qui ont découvert la nature des produits importés de Prague, et bravement refusé de garder le silence, ont disparu :

Alridge, Hereford, que nous connaissons, plus deux autres auparavant, des laborantins qui habitaient Martinstown. Leurs corps ont été retrouvés derrière l'entrepôt de stockage, enterrés près de l'enceinte.

Jade baisse la tête. Le visage de Mary Alridge lui revient en mémoire, l'espérance accrochée à son regard... Elle doit savoir, maintenant, que celui qu'elle attendait ne viendra plus.

– Nous sommes sûrs aujourd'hui que Thomas Horn a passé les années qui ont suivi sa fuite d'Angleterre en Tchécoslovaquie, au service des Allemands, utilisant les équipements mis à sa disposition pour des recherches personnelles. C'est chez Chemitronik qu'il a rencontré Somerset Crinan, un faible qu'il a été facile de convaincre d'utiliser son usine pour introduire chez nous les produits nécessaires à la composition du gaz sarin. Horn n'a pas agi par esprit de vengeance. L'Angleterre lui a toujours fait confiance. C'est juste un opportuniste qui a décidé de s'enrichir grâce à ses talents plutôt que de se contenter du maigre salaire accordé aux chimistes de laboratoires. À force de mettre au point des produits pour exterminer ses contemporains, il a perdu le sens des réalités.

Pour lui, les vies humaines ne comptaient pas plus que des bacilles sous le verre d'un microscope. Il a choisi des techniciens parmi ses camarades d'université et laissé Crinan les embaucher. Quant à Dove, c'était l'exécuteur des basses œuvres. Je n'aimerais pas être le poisson de la Tamise qui s'en est nourri.

– A-t-on récupéré le sarin ? demande Melody Mac Bride.

– Oui. Par miracle, l'avion s'est écrasé en douceur, si je puis dire, et les bouteilles étaient intactes quand les plongeurs les ont repêchées. En revanche, les passagers de l'avion n'étaient pas beaux à voir…

– Ils n'étaient déjà pas beaux à voir avant, conclut Jade en jetant une bûche dans la cheminée.

Les yeux de Mary Alridge s'éclairent des étincelles qui jaillissent dans l'âtre, puis le feu qui se ranime les absorbe dans un dernier adieu.

CET OUVRAGE A ÉTÉ ACHEVÉ D'IMPRIMER
SUR LE FIL DU RASOIR POUR LE COMPTE
DES ÉDITIONS THIERRY MAGNIER PAR
L'IMPRIMERIE RECTO-VERSO À 91 ÉTAMPES
EN MARS 2003 DÉPÔT LÉGAL : AVRIL 2003

Imprimé en France